Les Instructions
du Pasteur B......

Prix : 30 centimes

PARIS

Association pour l'Etude et la Propagation du Spiritualisme Moderne

15, RUE GUÉNÉGAUD, 15

1900

ASSOCIATION

POUR

l'Etude et la Propagation du Spiritualisme moderne

PARIS -:- 15, rue Guénégaud, 15 -:- PARIS

L'ASSOCIATION A POUR BUT :

1° De donner à la conscience humaine un idéal en harmonie avec sa destinée ;

2° De répandre la croyance en l'immortalité de l'âme avec toutes ses conséquences ;

3° De combattre l'individualisme égoïste au profit de la solidarité humaine ;

4° De lutter contre tous les obstacles au progrès moral et matériel ; de dissiper par tous les moyens possibles les erreurs et les préjugés qui égarent la conscience humaine ;

5° De faire connaître la philosophie spiritualiste avec les lumières, les consolations et la force morale qu'elle renferme.

L'Association est composée de Membres adhérents, de Membres actifs, de Membres bienfaiteurs et de Membres d'honneur.

L'Association s'interdit formellement toute discussion politique ou religieuse.

SON SIÈGE EST SITUÉ :

RUE GUÉNÉGAUD, 15, PARIS

LES
INSTRUCTIONS DU PASTEUR B......

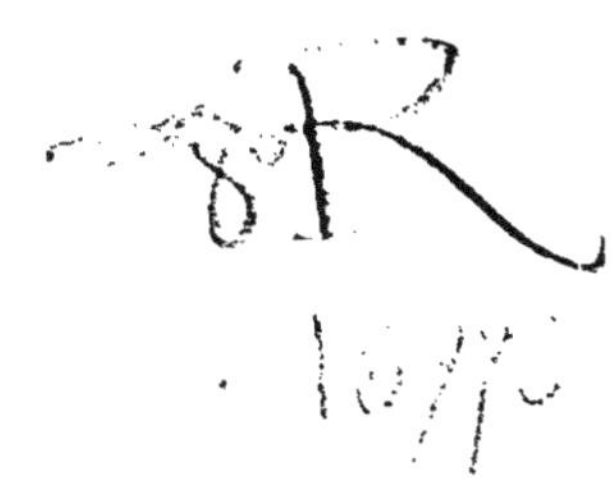

BIBLIOTHEQUE DU "SPIRITUALISME MODERNE"

PARIS, 15, RUE GUÉNÉGAUD, 15, PARIS

Les Instructions du Pasteur B......

Prix : 30 centimes

PARIS

Association pour l'Etude et la Propagation du Spiritualisme Moderne

15, RUE GUÉNÉGAUD, 15

1900

PRÉFACE

Les communications que nous publions dans ce petit livre ont été obtenues, il y a dix ans, dans un groupe spirite qui se réunissait, rue Legendre, chez une fervente croyante, Mme veuve Duparc, morte depuis.

L'esprit du pasteur B... s'y manifesta tout d'abord à Mlle T..., médium voyant, qui avait, en sa qualité de protestante, suivi souvent les sermons du pasteur B..., puis par l'intermédiaire d'un médium à incarnation, Mme H...

Ce fut dans une de ses manifestations, à l'aide de ce médium, qu'il désigna Mlle D..., alors âgée de vingt ans, comme devant écrire sous son influence douze instructions destinées à être envoyées à certains de ses collègues que le pasteur B... désigna.

Mlle D..., obéissant au désir de l'esprit, écrivit ce même jour, 30 mars 1890, la première instruction qui fut rédigée, comme toutes les autres, du reste, au courant de la plume, sans hésitations et sans ratures.

Mlle D... écrivit presque coup sur coup sept instructions, la deuxième le 6 avril, la troisième et la quatrième le 7, la cinquième le 20, la sixième le 23 et la septième le 27 ; puis, le pasteur B... se fit plus rare, il ne se manifesta plus que le 4 mai, resta jusqu'au mois d'août sans donner signe de vie, fit écrire son médium coup sur coup le 2 et le 4 de ce mois et enfin donna sa onzième communication le 8 octobre, et, bien que le médium écrivît plusieurs fois par semaine, soit chez lui, soit dans les réunions spirites, il dut attendre presque un an pour obtenir la douzième et dernière instruction qui lui fut donnée le 28 septembre 1891, alors que Mlle D... ne pensait plus du tout au pasteur B... et à sa promesse.

Eh bien ! malgré les différents milieux dans lesquels ces instructions ont été obtenues, malgré les laps de temps plus ou moins longs qui les séparent, on les sent toutes émanées d'une même intelligence ; dans toutes, on retrouve le même style oratoire et le même souffle d'inspiration ; les personnes qui ont eu le bonheur d'entendre le pasteur B... de son vivant, et à qui l'on a fait lire ses communications, n'ont pas hésité à les reconnaître comme ayant été dictées par son esprit et, tout récemment, son fils rendait hommage à l'authenticité du caractère de son père dans ces communications ; il faut ajouter que Mlle D..., qui est catholique, n'avait jamais entendu parler du pasteur B... avant qu'il se manifestât chez Mme Duparc. Quelle que soit la façon intermittente dont elles ont été obtenues, ces admirables instructions se relient parfaitement entre elles, c'est toujours le même souffle d'amour du prochain qui les inspire. En les lisant, on se sent transporté dans un milieu supra-terrestre. Je puis dire, en ce qui me concerne, qu'elles ont affirmé ma foi en l'au-delà qui n'était chez moi qu'à l'état intuitif. Depuis, j'ai eu le bonheur d'entendre plusieurs personnes, n'ayant alors aucune croyance spirite, mais sincères et dignes de foi, avouer qu'elles aussi avaient ressenti cette éclosion de sentiments nouveaux, et acquis la certitude que ces instructions émanaient véritablement d'un esprit dégagé de la matière, et dont les pensées ici-bas avaient dû bien souvent s'arrêter sur ce problème : Après la mort.

Puisse la lecture de ces beaux enseignements continuer à faire naître les mêmes pensées dans l'âme de ceux qui les liront, et leur donner, avec la foi vive en la vie spirituelle, la force de supporter les épreuves de la vie terrestre, la ferme volonté d'accomplir vaillamment la tâche dévolue à chacun de nous et le doux espoir de retrouver ceux qu'ils ont aimés !

LES INSTRUCTIONS DU PASTEUR B......

I

Du Ciel et de l'Enfer

30 Mars 1890.

Mes Frères,

Je veux, en quelques instructions, vous donner un faible aperçu de la vie future dans son universel ensemble, ce que je résume en disant les fins dernières; car ce que je ne veux pas perdre de vue, c'est le but glorieux où doivent tendre nos efforts.

Cette première instruction traitera du ciel et de l'enfer spirituels, c'est-à-dire de la doctrine spiritualiste considérée au point de vue de la sanction morale qu'elle apporte.

Mais ceci serait-ce bien encore l'aperçu des fins dernières? Non, car la sanction morale se rattache à l'universalité, et il ne faut pas perdre dans le petit détail terrestre, l'ensemble majestueux de l'Univers moral et matériel. Ce que je désirerais vous faire comprendre, mes frères, c'est l'horizon infini du spiritualisme pur, sans y mêler aucune controverse religieuse. Il n'y a plus ici de bibles, ni livres saints, ni formalités religieuses d'aucun temps et d'aucun peuple ; mais simplement les deux univers qui se touchent, se mêlent, se confondent et se séparent : la MATIÈRE et l'ESPRIT.

Dieu et son œuvre ! Ah ! mes frères, que de choses entrent dans ces deux mots : Dieu et création ! Quel abîme ! Quel infini ! Quel spectacle où l'âme se plonge sans cesse dans une extase sans autre borne que la cause qui la produit. O merveille des merveilles ! O splendeur divine ! Quels sont ces transports que tu verses à flot dans l'esprit ? Lumière de vérité, que tes rayons sont puissants ! Par où commencer, ô Seigneur ? Ma faiblesse m'épouvante, ta grandeur m'écrase. Hélas ! la parole humaine est impuissante et ne permet à l'âme de trahir ses transports qu'en les mutilant.

Dieu, maître universel, science infinie, source de toute vie, je t'invoque pour que tu prêtes à mes forces chancelantes l'appui de ta sagesse : je suis comme un aveugle dont les yeux verraient, pour la première fois, la lumière du jour, et qui ne saurait encore se servir de son regard que d'une manière incertaine. Esprits purs, célestes archanges, protégez-moi, donnez-moi votre sérénité et votre sage raison, pour que mon âme ne se laisse pas éblouir par la trop vive lumière et qu'elle ne s'anéantisse pas en elle.

J'invoque ton nom, ô Dieu ! pour glorifier tes œuvres devant ceux qui te cherchent dans l'ignorance. Donne-moi l'éloquence et la force de la vérité pour les convaincre ; donne-moi les élans de la Charité pour les amener à toi.

O mon âme, pourquoi te troubler ? Ouvre tes ailes et vole vers les espaces lumineux où plane la pensée : enivre-toi de ses effluves et viens dans ta puissance nouvelle apporter ton faible tribut au grand œuvre de la divinité.

Mes frères, ici je vous avouerai que ma science est bien petite; mais je veux, si minime qu'elle soit, vous faire participer à ce qu'elle peut vous offrir de bon et d'heureux, et d'abord, pourquoi rougirais-je de mon ignorance? elle sera pour vous une instruction, et puissiez-vous voir dans mes descriptions et dans mes discours l'élan sincère d'un cœur pénétré d'amour pour son Créateur, plein d'effusion pour son Dieu! Oui, j'ignore le plus grand nombre des œuvres divines, car qui peut les embrasser toutes?

Mais il est une chose qui brise tous les obstacles : c'est le cœur. Ce Dieu que j'avais méconnu sur la terre, dont la création était lettre morte pour moi, m'en voici pénétré, et si pénétré, si rempli d'amour pour Lui, que cet amour me donne la force de venir à vous et de vouloir vous rapprocher de Lui.

Comment ce miracle s'est-il fait? O mes frères, tout simplement par la connaissance de l'au-delà où l'humanité insouciante va sans songer. Croyez-vous que, débarrassée des liens du corps, mon âme ait vu tout de suite l'éclatant spectacle qu'elle contemple maintenant? Non, il fallait avant tout qu'elle connût la sanction de ses actes, avant de connaître les actes de Dieu.

Mes frères, pour vous instruire du peu que je sais, du grand infini que j'entrevois, je veux vous entraîner avec moi dans ce monde spirituel que vous avez connu, que votre âme oublie dans sa prison charnelle. Oh! que je voudrais l'y faire tressaillir et lui faire dire : « Oui, Seigneur, ma vraie patrie est là, là où tes œuvres éclatent dans toute leur magnificence. » Voyez un peu, mes frères, cette pauvre âme ignorante qui, non seulement a tout oublié, mais s'est complue dans son existence à obscurcir sa pensée par une foule de grossières erreurs, la voyez-vous seule avec ses fausses idées et sentez-vous son trouble dans le royaume de la mort? Sensation étrange! La matière l'enchaîne encore fortement et, cependant, l'esprit l'entraîne. Que croire?.Est-ce un rêve, une vision, ou une singulière réalité. Est-ce la mort? Est-ce la vie? Mes frères, voici dans quel trouble mon âme s'est trouvée, elle arrivait là étrangère. Où était Dieu? où était le ciel? où était l'enfer? Elle était dans un monde semblable au monde qu'elle venait de quitter, à première vue si pareil qu'il semblait à mon âme qu'elle était toujours dans la prison d'un corps de chair.

A cet état particulier a succédé pour moi un état plein de joie et de bonheur dès que mon âme a reconnu qu'elle était rentrée dans la vie spirituelle, alors la lumière pénétrant dans mon cœur a chassé de mon être tout ce qui obscurcissait mes facultés, et la justice de Dieu m'est apparue dans toute sa grande simplicité.

Le monde spirituel m'a montré son magnifique équilibre. Là, l'esprit reste tel qu'il y est plongé par la mort: mêmes vices et mêmes vertus, mêmes instincts bons ou mauvais ; mais aussi, débarrassé de son corps matériel qui fait obstacle à sa sensibilité animique, il voit ses facultés grandir et il juge alors la conséquence de ses actes.

Sa conscience plus puissante se dresse devant lui et voilà que ses témoignages le plongent dans les tourments du remords ou dans la pure satisfaction que le bien cause à toute âme.

Alors, heureux celui dont le cœur a marché dans la droite voie; il voit s'ouvrir pour lui le chemin de l'infini progrès; mais l'âme dont les œuvres ténébreuses ont souillé la vie voit ses fautes se dresser contre elle. Ici, c'est l'enfer, l'enfer véritable et juste; le coupable, puni par lui-même, a cependant devant lui la suprême espérance de racheter ses fautes par la réincarnation.

L'enfer spirituel créé par la seule conscience se continue encore sur la terre dans ces incarnations douloureuses où l'âme expie, dans son corps, les fautes de ses vies antérieures.

Enfer juste et proportionné à la faiblesse et à l'ignorance, vision consolante malgré son apparente horreur! Oui, il est dur et pénible de voir l'humanité souffrir et lutter avec la matière; tantôt s'y laisser entraîner, tantôt triompher du mal; mais si ces luttes, si ces souffrances sont la conséquence des fautes et des erreurs, elles n'obscurcissent pas la sublime vision du but glorieux auquel doit tendre l'esprit.

Or, mes frères, j'ai vu avec surprise d'abord, avec joie ensuite, cette magnifique Justice qui rétablit le parfait équilibre du droit et de la raison.

La vue de ce monde de souffrance fait encore mieux ressortir la beauté du monde de paix et de joie que le bien ouvre à l'esprit.

Ce ciel, c'est l'initiation progressive de l'âme à l'œuvre du créateur, à la connaissance de Dieu, et le bonheur que nous achetons par nos œuvres de bien et de charité n'a point de fin et s'augmente sans cesse; car il grandit avec nos facultés et nos facultés grandissent par notre progression dans le bien.

Ce monde qui se révèle à l'âme dès qu'elle sent pénétrer la lumière, lui ouvre l'infini universel dans lequel elle peut se plonger dès que ses connaissances lui montrent la progression spirituelle, et l'enfer, et le paradis de la conscience qui sont la seule et unique sanction que la raison, le cœur, l'intelligence peuvent accepter.

II

De la Conscience

Le 6 Avril 1890.

Mes Frères,

Jetez les yeux avec moi sur ce monde, contemplez ces puissants empires, ces rois, ces conquérants, ces armées innombrables, qui se heurtent les unes contre les autres pour servir l'ambition et la vaine gloire des chefs. Voyez ces temples, ces palais, ces superbes cités, ces travaux gigantesques de la folie humaine qui veut éterniser les courts instants de la matière périssable, dans des œuvres que le temps détruira et engloutira à jamais dans la sombre nuit des siècles.

Regardez, mes frères, cette foule avide de richesses et de plaisirs, se ruer sur les jouissances impures, et courber, sous le honteux esclavage de l'or, le pauvre et le prolétaire.

Plongez vos regards dans la fourmilière humaine, que votre œil aille du palais où trônent les richesses du monde à l'humble toit du laboureur. Regardez où aboutissent ces efforts et ces vaines gloires. Cherchez où l'homme peut mettre en lieu sûr ces trésors que son avarice entasse; vous ne pourrez trouver un seul point du globe où la mort ne passe et ne fauche tout sur son chemin.

Allez, mes frères, allez dans ces nécropoles où viennent aboutir toutes les destinées terrestres; levez les dalles des sépulcres, soulevez le marbre des tombeaux ou la terre qui recouvre le cercueil du misérable : même spectacle hideux vous attend, même corruption. Ce ver s'attaque à tous et nivelle dans son œuvre de destruction toutes les barrières de la société.

Que feront ces richesses entassées en vain? L'homme naît nu, il rentre nu dans le sein de la terre. O mort! cruelle mort! que laisses-tu à celui qui entre dans le domaine des tombeaux? que laisses-tu à l'homme dont tu as tranché l'existence? Ce corps qu'il a paré avec tant de soin, pour lequel il a commis tant de fautes, tu le jettes en pâture au ver rongeur?

Lui laisseras-tu ces mausolées qui sont élevés à sa mémoire? Non, la terre où nous dormons tous n'est même pas à nous. La pierre qui veut perpétuer notre souvenir, se couvrira d'herbe et de mousse, la pluie y creusera ses sillons et de toute une vie tumultueuse et brillante, il ne restera plus rien.

O mort! qu'emportons-nous donc là-bas dans ce lointain qui nous épouvante, si tout ce que nous avons aimé, si tout ce que nous avons péniblement amassé, si nos biens, nos plaisirs, nos fortunes, nous quittent au bord du tombeau, et si même la pierre qui nous couvre n'est plus qu'un linceul d'oubli?

Réponds, ô mort! qu'emporte donc l'humanité dans ce silencieux royaume qu'aucune bouche humaine ne fait frémir de ses accents?

Ah! mes frères! qu'est-ce, devant le néant matériel,

qu'est-ce donc ce qui subsistera de nous dans ce pays inconnu que nul ne veut sonder? « La Conscience. » Voilà, mes frères, le seul souvenir que notre âme emporte dans le monde spirituel. Qu'importent alors toutes les vanités, toutes les gloires, toute la puissance et tous les trésors de l'univers devant la justicière incorruptible qui, seule, nous rappelle la vie matérielle que nous venons de quitter?

O Seigneur! ô Divinité parfaite! donne-moi la force de ton esprit pour peindre à leurs yeux étonnés la sublime grandeur de ta justice. Divin Père, inspire mes discours, que la voix d'outre-tombe d'un ami vienne réveiller en eux leur conscience assoupie, afin que leurs œuvres soient éclairées du rayon de ta lumière, et que leur âme ne connaisse pas les terreurs et les affres du remords.

Donne-moi, Seigneur, l'éloquence de tes prophètes pour montrer ces âmes coupables seules à seules avec elles-mêmes.

Et d'abord, mes frères, tous vous entendez cette voix secrète qui pèse vos actes, et qui déjà sur terre s'élève contre vous. Voyez cette admirable faculté de l'âme lorsque le corps matériel ne lui fait plus obstacle, voyez-la se dresser contre l'âme même et la condamner. Vainement vous l'aurez refoulée, vainement les cris discordants de vos passions auront étouffé la voix divine, elle reparaît plus terrible et plus forte.

La conscience ronge le coupable, elle le met face à face avec ses crimes et ses actes; toutes ses fautes, même les plus cachées, se montrent à ses regards épouvantés dans toutes leurs ̷séquences; le remords

2.

s'acharne après lui. Où fuir, où se cacher pour éviter la voix vengeresse ?

L'âme a beau franchir l'espace, cherchant en vain l'oubli : sa concience vole avec elle sans trêve et sans repos. Elle a beau se débattre contre l'invisible ennemi, il la presse, il l'enserre, il la ploie sous sa force toujours nouvelle, il la brise dans la torture morale, il lui fait subir tous les maux que les autres ont endurés par elle, et l'âme se débat en vain !

Qui t'apaisera, justice divine et humaine ? Qui fera taire le remords que tu suscites ? Quel terme verrais-je à mes maux ? où lever mes yeux ? sur quel ami fixer mes regards ? qui mettra fin à ces tortures sans nom.

Hélas ! ce qui m'accable : c'est moi-même ; ce qui me juge : c'est encore moi ; ce qui me punit : c'est toujours moi.

Enfer terrible, supplice effroyable mais juste, terrible mais limité par l'espérance.

Pauvre ange déchu, pauvre esprit de ténèbres qui a sali tes ailes dans le cloaque du vice ; ne crains rien ; une aurore peut se lever sur ta nuit, une espérance sur tes douleurs. Lève, lève tes yeux vers le divin Père ; que le remords fasse naître en toi le repentir dont les larmes laveront les taches de ton âme. Accepte l'expiation matérielle qui t'offre la régénération et le moyen de réparer les crimes que tu as commis.

Laisse ta conscience guider ta nouvelle vie ; suis ses inspirations ; marche avec elle dans le monde spirituel où elle aspire ; abandonne les sentiers fangeux de la matière qu'elle repousse, afin que tu puisses progresser haut et pur dans la souffrance et dans la lutte ; et que, ta tâche une fois remplie, fermant de nouveau tes yeux à la lumière terrestre sous les doigts glacés de la mort, ton âme monte glorieuse et pure dans l'auréole de ta conscience et dans la divine parure des œuvres de charité et d'amour.

Alors, redevenu l'ange céleste, tu ouvriras tes ailes dans les régions du spirituel bonheur et dans la gloire de Dieu qui est celle de ses enfants.

III

De l'Égalité spirituelle
ou véritable Égalité

Le 7 Avril 1890.

MES FRÈRES,

De tout temps l'homme a voulu fonder le Droit, toute belle religion s'est appuyée sur la Justice, et tout progrès moral a été une œuvre de justice ; et cependant, l'homme possède-t-il la Justice ?

Je vois des amas formidables de lois, des codes, des formules, tout un appareil immense qui montre par sa grandeur même, la faible image de la Justice que l'homme cherche et qu'il croit trouver. Cependant, par un simple et sérieux examen de nous-mêmes et de ceux qui nous entourent, il est facile de nous convaincre que la Justice humaine n'est pas réalisable sur la terre ; quant à la Justice divine dont elle est le faible rayon, l'homme ne sait et ne veut la découvrir.

Or, pourquoi la Justice humaine est-elle si chancelante et si aveugle ? Pourquoi se fonde-t-elle par un travail si complexe et si long ? Ne serait-ce pas, mes frères, dans l'inégalité des hommes entre eux, qu'il faut trouver la cause de cette faiblesse ?

Le Droit proclame en principe que tous les hommes sont égaux ; ce principe, vrai en tant que justice spéculative, devient faux dans le domaine de la réalité.

L'égalité n'existe ni spirituellement, ni moralement, ni intellectuellement, ni même au point de vue physique et matériel. La loi qui proclame l'homme égal spéculativement sera injuste dans ses conséquences, en affectant une même pénalité à toute violation de la loi ayant lieu dans les mêmes circonstances.

Matériellement, la Justice humaine devrait punir proportionnellement à la responsabilité et à l'avancement de l'individu. Le droit humain tout en proclamant un principe vrai, se trouve en défaut dans son application ; il sera donc tronqué et incomplet ; par conséquent, l'homme ne peut trouver la Justice, que dans un univers où règne la suprême égalité, et où il puisse être jugé, non pas selon la faute commise, mais suivant son intelligence et sa raison.

Sortant alors du domaine de la matière, l'homme ira demander la justice à l'univers spirituel, au grand ensemble de la création. Où trouverai-je la parfaite égalité, si ce n'est dans la parfaite ressemblance de facultés et d'aptitudes, si ce n'est avec mes semblables ?

Incarné, mes facultés subordonnées à la matière et à mes conditions de vie, me placeront sur un certain degré de l'échelle sociale, m'isolant de ceux qui m'entourent ; car ma nature physique, mes goûts, mes facultés, font de moi un être dissemblable de l'être voisin. Puis-je ici-bas, m'élever aux sommets de la Société humaine, ou ramener ces sommités à mon niveau ? L'un est aussi impossible que l'autre. S'il est vrai, pour moi comme pour tout être que mes facultés se développeront par l'éducation, il n'est pas moins vrai que toutes les forces de l'intelligence humaine, ne parviendront pas à grandir ma taille d'une coudée. Je ne puis rien pour m'élever au niveau des hommes supérieurs, pas plus qu'eux-mêmes ne peuvent rien pour grandir les autres hommes à leur taille. Éloignons d'ici la question secondaire des biens matériels qui pourraient, à la rigueur se résoudre par des lois et des coutumes, pour envisager exclusivement l'inégalité parmi les hommes au triple point de vue physiologique, moral et intellectuel. Il est évident, dès qu'on embrasse le monde, que la matière dont se revêt l'humanité, prise dans l'ensemble des espèces et des formes, paraît essentiellement inégale.

De l'homme rudimentaire à l'homme de génie, une échelle merveilleuse gradue toutes les enveloppes matérielles, les différencie, et mène insensiblement, des premiers essais de la vie organique au magnifique instrument de la vie spirituelle, que nous appelons le corps humain. Cette chaîne merveilleuse, résultat du grand travail d'évolution de la matière, n'en fait que plus vivement sentir l'inégalité de la forme ; le corollaire de ce grand principe sera l'inégalité spirituelle et morale ; chaque forme matérielle étant l'enveloppe d'un correspondant spirituel.

De là, mes frères, la continuelle et constante inégalité que la nature semble présenter dans son enfantement matériel et dans ses œuvres spirituelles; l'évolution de ces deux mondes amène fatalement ce que l'homme prend pour la négation de la Justice et qui n'est que la Justice même. Ici, l'Humanité raisonneuse et savante a voulu trouver la solution du problème uniquement dans la matière, par la matière et par la science.

Elle a rêvé une refonte de l'univers, la création d'une nouvelle humanité, où les différentes forces sagement équilibrées feraient de la grande famille humaine, une machine parfaitement organisée où tout serait calculé et prévu.

L'Égalité serait-elle atteinte? Mille fois non; et cependant, mes frères, instinctivement, les masses font une grande poussée égalitaire, et réclament l'application du grand principe par un appel désespéré à la Justice. Les masses ont raison, la science a tort, la création d'un nouvel état matériel ne peut avoir lieu par la science; elle peut le diriger; car il viendra naturellement tendant à unifier l'enveloppe corporelle de l'homme par le mélange, le croisement des races, et, par-dessus tout, par l'avancement spirituel. L'homme juge par ce qu'il voit actuellement, et il juge par la matière. La matière ne peut être pour le penseur qu'une grossière forme qu'il doit négliger pour l'esprit qu'elle renferme.

Qu'importent ces états progressifs, ces ébauches, ces différentes images qui frappent nos sens matériels? Est-ce dans la forme grossière que nous devons trouver la solution de ce grand problème humanitaire? Trouverai-je la justice et son exacte image dans l'unique contemplation de molécules perpétuellement changeantes, maintenues dans une certaine forme par quelque chose de mal défini à l'œil du matérialiste?

La mort même ne m'apprendra rien si je ne veux pas admettre et chercher l'esprit.

Et la force inconnue ralliant ces atomes divers dans la vie, les quittant pour produire la mort, sera l'inexplicable pour ma molécule pensante.

Système puéril, mes frères, singulière aberration, où

l'homme épuise ses facultés pour prouver l'improuvable. Le matérialisme se détruit de lui-même ; le sublime instinct de la foule qui aspire et monte vers la lumière en dit plus long. La grande voix populaire qui fait appel à la Justice et qui réclame l'égalité : c'est la voix de Dieu. Ce mouvement secret, cette aspiration veut et doit être entendue. Ce ne sont pas vos systèmes, vos savants discours, votre science, qui feront taire ce murmure lointain et cependant fort et terrible comme le mugissement de l'Océan. Ce n'est pas quand les chefs intelligents viendront dire au grand troupeau : « Vous voulez l'impossible, l'irréalisable, l'égalité est un vain songe : la réflexion, l'étude, la raison humaine, tout le prouve ; » la foule vous répondra que le cœur dit non. Pensez-vous, mes frères, que la foule a tort, et n'est-ce pas dans le fond de toute âme que la voix céleste annonce l'égalité suprême ? Aussi, au monde qui réclame la Justice souveraine, ma parole dira :

« Cherche, cherche, humanité prisonnière, cherche hors du cercle qui t'entoure, cherche au delà du monde temporaire où tu t'agites : va plus haut ; tu veux la justice matérielle, viens à la justice spirituelle ; ce n'est pas dans le monde grossier de la forme que tu trouveras Dieu ; mais dans le monde de l'esprit. Brise les fers qui te retiennent enchaînée, et par la seule force du cœur et de la volonté, viens t'abreuver à l'inépuisable coupe que Dieu tend également à tous ceux qu'il a créés.

« Monde périssable de la forme, croule devant l'univers lumineux que tes flancs dérobent à nos regards, et que, Thémis paraissant à nos yeux, nous puissions contempler le parfait équilibre de toute chose dans l'infinie sagesse de Dieu. »

IV

Manifestations de la Justice spirituelle. — Elle est au cœur même de l'homme

Le 7 Avril 1890.

Cette égalité que vos âmes appellent, que vos cœurs demandent, mes frères, il faut que vous la trouviez et que vous la cherchiez en vous-mêmes. La justice que vous demandez, elle est dans votre cœur, les uns la voient, c'est le petit nombre, la plupart l'ignorent.

La Justice est une religion; c'est même l'unique Religion. Dieu est l'universelle Justice, et toute manifestation de la divinité est une manifestation de la Justice.

A nous de lire et d'interpréter l'œuvre du Créateur et d'y chercher la règle de notre vie, et de même que nos actes sont des actes volontaires, les actes de Dieu sont dus à sa volonté, et comme tous nos actes, explicables.

Pour embrasser le grand problème égalitaire, il faut avant tout, mes frères, le chercher en vous-mêmes. Que sommes-nous? où allons-nous? quelles sont nos fins dernières! voilà les premières interrogations que l'homme se pose.

« Connais-toi toi-même », disait Socrate. Socrate comprenait à merveille que la connaissance du moi, c'est l'universelle connaissance.

Nous sommes, mes frères, esprits; c'est-à-dire que

3

notre personnalité est une infime parcelle de la divinité, chacun de nous est une étincelle de ce foyer qui s'appelle Dieu, et cependant chacun de nous est libre, indépendant des autres esprits, bien que soumis à la divinité. Créé par elle, l'esprit n'est pas créé pour elle; mais pour lui et pour les autres; né de la volonté de Dieu, faible et ignorant, il progresse, grandit, acquiert par lui-même, et participe à l'œuvre et au travail du grand Tout. Dieu fait incessamment émaner de lui la matière et l'esprit, comme l'homme laisse émaner de sa propre substance sa pensée et ses idées.

Mais si l'homme émet des idées et des pensées de différente valeur, le grand Maître crée les esprits absolument égaux ; comme il crée une matière unique.

La matière unique, ou fluide cosmique, il la soumet à des forces qui la transforment; le fluide spirituel, revêtu d'un corps périsprital qu'il conservera toujours, est abandonné à la matière sur laquelle il agit, et qui agit sur lui par l'aiguillon de la souffrance. Première égalité dans la naissance spirituelle.

Allons plus loin, mes frères, contemplons l'évolution de l'être dans sa lutte avec la matière. Contemplons cette admirable initiation, d'abord à la vie matérielle par la série des existences végétales et animales, puis par le passage dans les races humaines inférieures, enfin les chaînons de l'initiation intellectuelle se manifestant dans les races élevées : pour tous et partout le même travail, pour tous la même échelle progressive, qui, pas à pas, nous mène à l'éternel bonheur.

Nous n'avons plus ici le spectacle d'une courte vie humaine, jouet du hasard et des passions, en butte aux décrets d'un destin aveugle; mais le lent et progressif développement d'un être qui parcourt tous les états, toutes les sphères pour arriver à la perfection.

Mes frères, ne voyez-vous pas ici cette vraie Justice que vous cherchez et que votre âme demande? Ces dons qui vous paraissent arbitrairement distribués, ne sont que le résultat d'un travail antérieur, travail tout personnel et tout volontaire dès que la conscience s'est développée dans l'esprit.

Dieu n'a pas établi deux poids et deux mesures; partout, dans tous les mondes, même évolution spirituelle, guidée par une même évolution matérielle qu'elle dirige ensuite. De même que l'évolution d'un esprit seul et indépendant tend à un but, l'évolution d'un monde tend aussi, mes frères, à un but. Tout astre, susceptible d'être peuplé par des espèces vivantes, perfectionnant sans cesse ses créations, revient peu à peu à l'unité d'où il est né. Le but d'un monde, c'est de recevoir à sa surface une colonie d'esprits destinés à subir l'influence de la matière et à la régir ensuite spirituellement. Par conséquent, la progression de l'esprit causera la progression de la matière, et la forme destinée à revêtir l'humanité pensante se modifiera avec cette humanité.

Si un monde progresse, cette progression doit peu à peu s'étendre et gagner tous les individus par la communication des incarnés entre eux, par la fusion des races et des langues, par l'éducation et par la religion. L'humanité terrestre poursuit inconsciemment ce grand nivellement; la science par ses découvertes : vapeur, électricité, relie peu à peu les différents continents; les nations tendent à s'unifier, les races aussi; la race blanche, par sa civilisation, dirige le mouvement ascendant des races inférieures.

L'apparente inégalité qui vous trouble et qui n'est que la grande loi d'évolution : c'est à vous de la détruire. Esprits prisonniers dans la forme, votre but doit être d'adoucir le sort de vos frères et le vôtre ; la justice des hommes ne doit pas être dans les codes, mais dans leur propre cœur.

Écoutez, mes frères, cette voix qui se fait entendre à tous et qui nous dit : « La justice n'est pas un vain mot elle est l'essence même de toute chose, tout ce qui vient de Dieu est justice ; l'évolution de la matière et l'évolution de l'esprit ; c'est le chemin qui mène de notre faiblesse à la divinité ; sa dure initiation : c'est encore la Justice! » La Justice n'est pas seulement dans la loi que nous suivons tous, elle est encore en nous-mêmes, elle est en nous par l'observation de la loi et elle l'est encore bien plus dans l'amour. Inégaux par l'apparence, inégaux par le corps physique, par l'intelligence, par les facultés, toujours et partout, nous sommes égaux par le cœur, égaux par la charité.

Voilà la vraie Justice, qu'importent ces splendeurs de la pensée que j'ignore encore et que j'atteindrai ; qu'importent ces richesses périssables que demain je n'aurai plus, qu'importe ce qui paraît grand et magnifique aux yeux des hommes : la Justice est dans mon cœur et Dieu avec elle si j'aime, et si mon amour est l'expression de la Charité.

L'égalité spirituelle n'est pas seulement dans l'alpha et dans l'oméga de la vie spirituelle ; elle est dans l'amour véritable, c'est-à-dire dans la bonté et dans la charité qui sont les divins sourires que Dieu laisse tomber du ciel dans le cœur de l'homme!

V

De l'établissement de la Justice
sur la terre

Le 20 Avril 1890.

MES FRÈRES,

La Justice que nous sentons dans nos cœurs, que nous voudrions formuler, doit être réalisée par la Religion tout d'abord. La Religion, qui ne s'occupe que du spirituel et qui n'a pas à lutter avec les difficultés matérielles, peut, mieux que les codes et les lois, montrer la Justice souveraine, voici pourquoi les temps sont venus où la Religion de Justice doit remplacer les anciennes formules que les hommes suivent encore. Avant l'établissement de l'unité spirituelle, il se passera encore de longs siècles : il faut cependant que l'homme trouve le chemin qui mène à Dieu, il faut qu'il voie la lumière, il faut, si l'inégalité subsiste fatalement sur la terre, que le monde spirituel se révèle dans son équitable ensemble. Alors, le vrai sens de la vie n'étant plus caché dans les ténèbres de l'ignorance, la réforme de la société découlera naturellement de la connaissance de Dieu et de ses œuvres. Si je viens à vous, mes frères, c'est que je crois accomplir un devoir sacré en proclamant la Justice, et

3.

si je viens du pays des mânes montrer la voie qui mène
à Dieu, c'est pour le bien et l'avancement de ceux qui
souffrent sur la terre.

N'entendez-vous pas ces plaintes et ces gémissements?
N'entendez-vous pas ces pleurs et ces sanglots qui mon-
tent de la nuit? Regardez autour de vous, vous verrez
les hommes, semblables à des naufragés, voguer sur la
sombre mer du doute. Oh ! ce cri qui s'échappe de la
poitrine de ces malheureux : c'est un appel désespéré à
la lumière ! Que ne donneraient-ils pas, ces infortunés,
pour apercevoir la faible lueur d'un phare ? Venez, venez
à nous, hommes perdus dans la nuit obscure; venez ici,
c'est le lumineux foyer qui éclaire l'univers. Douter,
c'est l'horreur du néant, et si l'homme doute, c'est qu'il
ne voit pas devant lui la Justice que son cœur réclame,
que tout son être appelle. Je ne puis la chercher dans
toutes ces fausses images de la divinité que jusqu'alors
l'homme a adorées ; ce qu'il lui faut, c'est contempler
Dieu face à face, et ceci, mes frères, n'est pas un blas-
phème. Vouloir contempler Dieu, c'est vouloir le trouver
en tout et partout, c'est vouloir se laisser guider par sa
puissante main ; c'est pouvoir crier : « Seigneur, où es-
tu? » et que Dieu réponde : « Me voici en toi-même. »

Dieu et Justice, mes frères, sont synonymes, et cette
Justice, je veux la proclamer à la face du monde, je veux
montrer tous les hommes fils d'un même père, frères
en tout et par tout. Je veux réhabiliter cette humanité
qui progresse, je veux la loi d'amour et de charité pour
tous les êtres qui vivent sur la terre, et cette Justice que
j'invoque, il faut que, triomphante, elle se pose dans la
religion. Au plus ardent besoin de l'âme, il faut répondre,
mes frères, en propageant la vérité, il faut que chacun

connaisse le néant de la vie matérielle dans ses jouissances et ses plaisirs, et la grandeur de la vie spirituelle, il faut que l'homme apprenne à respecter son corps et son âme, il faut qu'il sache que toute faute sera expiée et retombera sur son auteur, que tout bien est acquis et fait avancer l'âme vers sa patrie céleste, il faut montrer cette magnifique loi de la réincarnation, cette progression constante qui élève l'homme de plus en plus vers la perfection, cet ensemble majestueux de la création, cette solidarité qui relie tous les astres, cette fraternité de la nature qui unit tous les êtres entre eux.

Mes frères, écoutez ces voix qui viennent de la tombe et qui révèlent, à ceux qui sur terre ont leurs yeux couverts d'un voile de chair, le grand ensemble de la création, venez étudier cette morale nouvelle qui vient sanctionner tout ce que l'homme demande à Dieu. Il faut sur terre la Justice, et il la faut par vous, ministres du Seigneur qui parlez au nom de Dieu et qui instruisez la foule, il faut que vous écoutiez la grande voix du peuple qui demande la Justice dans les graves questions qu'il agite; il faut que vous veniez, à ceux qui ne sont plus, demander le secret de la tombe.

Je vous le dis, mes frères, l'esprit humain, dans ses luttes ignorées et pénibles, dans l'obscurité même où il est, veut d'instinct la lumière; c'est en vain que la religion cherche à le maintenir dans son vol, c'est en vain qu'elle veut le faire rétrograder, il s'insurge et lève la bannière de la révolte.

Le socialisme, qui secoue toute la société et qui la mine, n'est autre chose que le grand mouvement des simples qui sentent et veulent la Justice.

Folie, dira l'homme sage; moi, je dirai sagesse et si

tous ces éclairs de révolution qui déchirent la nue, c'est que le grand mouvement est proche.

Oui, de l'homme à l'homme, une lutte fratricide de tout temps s'est engagée, lutte où le fort opprime le faible, lutte où la liberté se débat dans les fers.

Liberté ! il nous faut te conquérir pour notre âme d'abord, pour notre corps ensuite ; c'est assez que des dogmes m'aient rendu esclave, que le joug ait pesé sur moi ; voici l'aurore d'un jour nouveau qui se lève à l'horizon.

O mes frères ! écoutez ces orages qui grondent dans les consciences, montrez à cette foule qui aspire vers l'inconnu, montrez-lui l'objet de ses désirs, que la religion universelle s'épanchant sur le monde, l'homme y puise l'espérance et la force.

Ecoutez le grand torrent humain dans ses plaintes et dans ses errements, venez à la lumière et répandez sur lui ses célestes rayons. Venez réveiller les consciences assoupies, calmer les consciences inquiètes et diriger les consciences troublées.

Surtout, oh surtout, mes frères, montrez Dieu dans toute la splendeur de son infinie Justice, montrez la triade divine de la Charité, de la Bonté et de l'Amour dans toutes les œuvres de la création. Propagez la vraie Religion, détruisez tous ces dogmes qui obscurcissent la divinité, et faites briller aux yeux des hommes la lumière de Vérité, qui doit régénérer le monde et répondre aux secrètes aspirations de l'humanité captive.

Mes frères, que ma voix vienne en vous réveiller la Justice qui y sommeille, venez et prêchez au monde la grandeur et la bonté de ce Dieu que les hommes cherchent dans les ténèbres du doute.

VI

De la loi d'Amour

23 Avril 1890.

MES FRÈRES,

De toutes les lois de justice, la plus belle et la plus
grande : c'est la loi d'Amour. Aimez-vous les uns les
autres, et la paix sera avec vous. Sans l'amour, l'homme
est comme un roc nu et désolé qui dresse sa masse noi-
râtre qu'aucune vie n'égaie. Le seul bonheur est dans
l'amour universel. Ici, n'allez pas entendre, mes frères,
ces passions tumultueuses qui bouillonnent dans les
cœurs, ces sentiments égoïstes qui craignent de s'étendre
au loin, ces affections naturelles dictées par les liens de
la famille ou par l'entraînement des sens : ceci n'est pas
aimer. Dieu est l'infini de l'amour parce qu'il aime toute
chose, que sa création est la manifestation de l'amour
dans la justice et la bonté ; mais l'homme aime-t-il ?
Sait-il aimer ? Non, mes frères ; ce qu'il aime : *c'est son
moi*. Il aime les autres pour lui, il aime ceux dont il
tire une jouissance ou un avantage quelconque ; il aime
le cercle restreint qui l'entoure parce qu'il y trouve un
plaisir égoïste ; mais, en général, il n'étend ce sentiment
ni aux autres hommes, ni aux êtres inférieurs. Le véri-

table progrès moral n'est pas dans le développement des facultés intelligentes, mais dans l'accomplissement de la loi d'amour. Tant que l'esprit ne sait aimer, ses œuvres sont improductives, la persistance de son *moi* personnel entrave le bel essor de son âme vers Dieu, et cela, mes frères, vous le comprendrez aisément. Ici-bas, sur ce globe de douleur et de souffrance, quels sont nos courts instants de joie, si ce n'est lorsque nous sentons l'amour dans nos cœurs? et si cet amour borné de la famille, de l'amitié, met en nos âmes un rayon aussi pur, quelles seront donc les jouissances que nous éprouverons lorsque nous étendrons nos sentiments de *plus en plus?* Aimer toujours *de plus en plus :* c'est se rapprocher sans cesse de Dieu et monter vers lui dans la plus belle des gloires! Non, mes frères, il ne suffit pas de faire le bien et d'être juste dans tous nos actes si nous n'avons pas en nous la flamme de vie qui illumine et réchauffe tout; non, la justice n'est pas l'unique idéal dans sa froide distribution des récompenses et des peines si elle n'est en même temps animée du grand souffle de l'Amour. Justice, justice divine, derrière toi je vois un spectacle plus grand, plus pur, plus noble que toutes tes œuvres ; je vois ce qui fait la beauté de Dieu et sa grandeur : je vois l'infini de l'amour. Justice, je te respecte et je te vénère dans ton grand équilibre de toute chose, mais en toi je veux trouver l'infinie bonté de l'Amour et de la Charité.

Quand donc, Humanité, comprendras-tu l'Amour ? Quand donc ton cœur embrassera-t-il l'univers et s'ouvrira-t-il à l'adorable pardon? Hélas! hommes égarés et ignorants, vous épuisez vos forces à poursuivre de vaines chimères, vous voulez atteindre les ombres fugitives d'un bonheur qui s'évanouit dès que vous croyez le saisir, et vous négligez ce qui seul peut rendre heureux.

Que feront, à celui qui aime, les luttes cruelles de la vie, les défaillances, les rages sourdes, les colères impuissantes, les débats furieux contre la fortune? Tout pour lui est joie, sa souffrance personnelle s'efface devant l'infini de la création. Il peut être exilé, sans famille, sans ami, il ne sera jamais seul, il participe à la grande fraternité de la nature.

Mes frères, lorsque vous errez dans les champs ou sous les voûtes obscures des forêts, écoutez ces voix secrètes qui s'élèvent de tous ces êtres captifs; votre âme se sentira bercée et purifiée par ces murmures qui se mêlent au soupir du vent, et cela, parce que là, dans la nature, se cache la divine bonté. Les forts, les grands, ceux qui ont en eux le génie sont bons ; pour comprendre et pour savoir, il faut connaître la grande énigme qui se retrouve dans le brin d'herbe, et sous le front du penseur, il faut connaître l'amour. L'amour ne va pas sans l'acte, il ne suffit pas d'aimer en soi, il faut que cet amour soit efficace, il faut l'abnégation de nous-mêmes, il faut l'oubli et le pardon pour tous, il faut l'aide et le secours, il faut la fraternité.

Graves vertus, mes frères ! et qu'elles sont pénibles à acquérir. Ne pas faire le mal, c'est être juste. Souffrir, se dévouer, prier, travailler pour les autres : c'est aimer. Si vous pouviez connaître, mes frères, la beauté et la sublime grandeur dont l'âme qui aime est parée, vous resteriez transportés d'extase. Oh! qu'ils sont petits ces rois de la terre, ces grands, ces savants, ces célèbres esprits qui ont rempli le monde du bruit de leurs ex-

ploits, à côté de cette âme qui a essuyé les larmes de
la souffrance, qui a eu de la pitié pour toutes les douleurs.

O mes frères! aimez-vous les uns les autres, laissez
vos cœurs se pénétrer de ce sentiment divin qui nous rapproche de Dieu. Qu'y a-t-il de plus beau que la Charité,
de plus doux que la Bonté? Aimez, mes frères, aimez
votre famille, votre patrie, aimez l'Humanité, aimez-la
grandement, saintement, aimez-la dans ses transforma-
tions douloureuses, dans la nature qui souffre et progresse, dans vos frères spirituels qui sont dans l'espace,
allez vers ces régions bénies où s'expliquent toutes
choses. Que sommes-nous dans l'effroyable ensemble
de l'univers? quelle incommensurable disproportion
entre cette immensité et notre petitesse! Quel abîme
sépare notre néant de Dieu? que seront toutes nos
sciences devant la science infinie? que seront nos découvertes devant cette création sans bornes? que seront
les conceptions de notre intelligence à côté de l'intelligence divine?

Le grain de sable que la vague roule sur la grève,
que le vent jette au loin sur la plage, que le pied foule
indifférent. O qui me rapprochera de Dieu? qui m'unira
à cette grandeur de mondes créés? qui m'empêchera
d'être englouti sans retour dans cet insondable océan?
Mes frères, c'est l'Amour, ce sentiment qui permet à
nous, faibles atomes, d'aller jusqu'à Dieu, qui permet à
Dieu de venir jusqu'à nous. Aimer, c'est communier
avec la nature entière; c'est être avec Dieu. La Justice,
c'est la loi qui guide tous les actes dans leur évolution,
c'est Dieu dans sa grande majesté distributrice et ré-
gulatrice. L'Amour : c'est encore la Justice; mais la

Justice maternelle qui ne se contente pas de rétablir le bien ; mais qui prévient le mal. Mes frères, ouvrez vos cœurs à l'amour universel; que sa céleste lumière vous rapproche de Dieu en vous faisant participer à sa divinité! Oui, père infiniment bon, toi qui aimes tant ceux que tu as créés, donne-nous une étincelle de cette céleste flamme, afin que nous sachions répandre autour de nous la paix et la consolation.

Mes frères bien-aimés, aimons-nous véritablement, aimons-nous dans la grande fraternité spirituelle, et que des régions de l'éternel bonheur aux sphères de progression et de souffrance, toutes les âmes soient unies dans le même souffle divin?

VII

De la Prière

27 avril 1900.

Mes Frères,

Une sublime communication existe entre nous et la divinité, cette communication, c'est la prière.

Prier, c'est se mettre avec Dieu dans un sublime tête-à-tête, c'est élever notre âme vers son créateur, c'est la rapprocher de la divinité, c'est la grandir, l'épurer, la fortifier dans ses luttes.

La prière est une force vive et productrice, c'est un bienfait pour tous en même temps que pour celui qui prie.

Comment l'homme peut-il prier? Mes frères, l'homme prie par ses œuvres avant tout, puis par les hommages qu'il rend au Créateur. Ces hommages ne sont pas dans ces formules que l'homme laisse tomber de ses lèvres machinalement, de ces phrases qu'il redit par une habitude prise dès l'enfance, tandis que l'esprit rêve et se laisse emporter bien loin de ces formules auxquelles il est étranger.

En général, l'homme se contente de prières toutes faites, la pratique extérieure lui suffit, aller dans un temple, écouter les instructions des ministres, lire les livres saints parce qu'il faut les lire, accomplir des devoirs extérieurs ; cela lui semble prier Dieu. Est-ce la vraie prière ? Non, mes frères. La vraie prière est cette profonde aspiration de l'âme vers son Dieu, c'est cet acte de notre volonté qui nous élève au-dessus de notre nature terrestre vers l'être suprême, c'est l'élan passionné du cœur, c'est l'appel de la souffrance vers le divin Père, c'est le cri de repentir, l'allégresse du bonheur, l'union de notre faible personnalité avec le grand Tout.

Est-il besoin pour cela d'invocations passionnées, de véhémentes apostrophes, de longs discours? Non, mes frères, un soupir parti du cœur vaut mieux que toutes ces paroles vides sous lesquelles l'homme cache l'aridité de ses sentiments.

Qu'avons-nous besoin d'accumuler de vaines phrases pour témoigner à Dieu notre amour? qu'avons-nous besoin de demander à d'autres des termes précis, pour offrir à Dieu les élans de notre cœur, quand le sentiment seul, bien qu'inexprimé, nous met en rapport avec lui?

La prière n'est pas l'acte frivole et tout extérieur qui matérialise en quelque sorte cet amour, la prière est encore autre chose de plus grand, de plus magnifique que cette simple manifestation de notre âme, elle est surtout dans le devoir et dans le travail.

Toute pensée, mes frères, est une prière, et tout travail une pensée ; comprenez dans le mot pensée le résultat des facultés de notre âme dans le bien, et ne confondez pas cette création toute spirituelle avec l'idée qui se rapporte au monde matériel et vulgaire.

La prière sous quelque forme qu'elle se cache est une prière.

Mes frères, nous ne devons pas prier de la bouche seulement; mais du fond du cœur, et prier surtout par nos actes. La plus fervente des prières adressée à Dieu ne vaut pas le verre d'eau donné au pauvre en son nom. Combien invoquent Dieu et font appel avec une ardente foi à sa toute-puissante bonté, qui ne savent pas prier par la pratique du bien et de la charité.

Dieu ne veut pas que nous l'aimions d'un amour égoïste et personnel, il veut que nous l'aimions en faisant sa volonté; il veut que nous l'aimions en aimant ses autres enfants, en aimant tout ce qu'il a créé et ordonné. Aussi, mes frères, plus l'esprit s'épure et s'approche de cette perfection, plus il sait prier, plus son âme en s'ouvrant à l'amour universel s'élève vers Dieu par la seule pratique du bien et de la divine loi d'amour. L'esprit bienheureux est dans un état de prière perpétuel; car toutes ses œuvres étant des œuvres de charité, tous ses désirs étant des aspirations vers le bien; il est sans cesse en communication avec Dieu.

Mais pour nous qui avons à lutter contre nos penchants, contre la matière, la prière n'est pas notre état habituel; notre âme ne s'élève qu'à de rares moments au dessus des faiblesses humaines, et cependant par la seule pratique du bien, par l'accomplissement de notre devoir; nous prions.

Non, mes frères, ce n'est pas dans la lecture des livres saints, ce n'est pas dans les prières formulées que nous irons chercher cet élan passionné; mais bien dans nous-mêmes, dans notre conscience, dans nos actes de fraternité et d'amour; non seulement cette vraie prière est une force pour nous; mais c'est aussi une force pour l'Humanité entière.

Quand nous propageons la vérité, quand nous voulons faire connaître Dieu à ceux qui l'ignorent, quand nous cherchons à soulager nos frères souffrants, nous adressons à Dieu la plus belle des prières.

Ce n'est pas, mes frères, que les prières dites de paroles soient condamnables; mais il faut que l'esprit, la volonté, le cœur y participent; ces prières sont même nécessaires pour certaines âmes qui ont besoin de résumer leurs impressions et leurs sentiments; mais ces prières ne doivent pas être la répétition monotone des mêmes mots et des mêmes phrases.

Dieu ne demande pas à celui qui ne sait pas d'improviser des chefs-d'œuvre d'éloquence : le sentiment vaut la plus belle oraison. L'élan du cœur, le soupir de gratitude, une larme de reconnaissance, un regard levé vers le ciel : Dieu n'en demande pas plus.

Ce qu'il veut, mes frères, c'est que nous soyons bons, justes et charitables, que nous accomplissions notre devoir, que nous suivions la vie qu'il nous a tracée, et surtout, si nous connaissons la vérité, que nous la répandions parmi ceux qui l'ignorent.

La nouvelle religion ne vient pas avec des dogmes et des formules, elle ne vient pas imposer à l'homme une série de démonstrations extérieures, elle vient lui dire : « Prie par tes œuvres, par tes actes et par tes vertus, élève ton cœur vers Dieu par la pureté de ta vie, prie par ta charité prie pour ceux qui souffrent, pour ceux qui vivent en ignorant Dieu, pour tes ennemis, pour tes amis et tu prieras pour toi. »

La prière que nous faisons pour les autres est un bien général que nous répandons sur l'Humanité entière, c'est un effort vers le bien, qui, comme tout bien profite à tous. La prière est notre force et notre soutien, notre union avec Dieu par notre sens intime, notre union avec les autres âmes par nos œuvres personnelles. Elevez vos cœurs, venez à la vérité, à la lumière, afin de mieux connaître la divinité, et la manière de la mieux honorer et de la mieux aimer en suivant sa loi avec le plus d'exactitude possible.

Prier Dieu, c'est nous grandir et nous épurer, c'est préparer notre avenir de lumière, c'est dissiper les ténèbres qui couvrent notre route, c'est savoir, c'est connaître; c'est puiser le courage de surmonter l'épreuve, c'est sentir l'amour universel, c'est être sous l'égide des messagers célestes, c'est pressentir sur notre terre d'exil les prémices du bonheur spirituel, de l'infinie joie de ceux qui ont accompli la loi de Dieu.

VIII

De la Réincarnation

4 mai 1890.

Mes Frères,

La nouvelle religion se fonde sur le grand principe des réincarnations successives et progressives.

Nier la réincarnation, c'est nier la justice divine et c'est méconnaître l'égalité et la fraternité universelles.

Cette vérité fondamentale n'est pas nouvelle et se retrouve dans la plupart des anciennes religions comme pour certifier sa réalité. La réincarnation peut seule expliquer le sens de la création et la marche de l'esprit vers l'éternel progrès.

L'Unité d'existence, mes frères, fait reposer l'univers sur la plus grande des injustices. L'homme se trouve brusquement jeté sur le globe sans initiation préalable, avec des facultés diverses et dissemblables de celles des autres hommes, isolé des autres individus.

Quelles questions le penseur n'est-il pas tenté d'adresser à Dieu en contemplant la grande famille humaine ? Pourquoi, dira-t-il, ces diversités de races sur un si petit espace de matière ? Pourquoi la race blanche intelligente, avancée, civilisée, et les malheureuses peuplades de l'Afrique centrale? Pourquoi la brute et l'homme de génie? Pourquoi l'être infime disgracié de la nature, à côté de l'être resplendissant de vie et de santé? Pourquoi ces existences pleines de brillantes espérances que la mort vient faucher, tandis que le vieillard traîne une triste et pâle vie à son foyer solitaire? Que d'objections terribles l'homme est tenté de jeter à Dieu! Non, dira-t-il, tu n'es pas juste, toi qui permets de pareilles inégalités, toi qui réserves aux uns toutes les joies de la terre, aux autres, toutes les douleurs, toi qui brises tant de boutons entr'ouverts, espoirs de la récolte prochaine, et qui laisses debout le vieux tronc dont la sève a été tarie par l'orage.

O pourquoi ce douloureux problème de la souffrance et de l'ignorance? Pourquoi cette vie si dissemblable pour tous tes enfants? Pourquoi ces désespoirs et ces tristesses, ces luttes contre la misère, à côté de ces splendeurs de luxe et de la fortune? Et pourquoi, Seigneur, ces êtres qui naissent destinés au crime et à tous les vices, ces âmes d'enfants qui apportent avec elles des germes de toutes les passions, tandis que d'autres, comme un sourire du Ciel, renferment dans leurs jeunes cœurs des germes de toutes les vertus?

Injustice, partout je ne vois qu'injustice. Oui, mes frères, si vous ne considérez que la vie présente, si vous bornez votre existence à la seule vie que vous connaissez actuellement, si vous croyez passer quelques heures rapides sur la terre, et entrer pour toujours, après la mort, dans l'éternel enfer ou dans l'éternel bonheur.

Mais que Dieu paraît grand, que son œuvre devient

sublime lorsque nous embrassons toute cette immense évolution de l'âme !

Quand, à nos yeux, se déroule le spectacle de cette grande fraternité, de cette double progression s'accomplissant côte à côte, de cette marche ascendante de l'esprit par la matière et, avec elle, de cette création divine où toute forme cache l'esprit, où tout esprit monte dans l'Infini par le chemin de la souffrance et du travail sous la grande égide de la Justice.

Mes frères, que tout alors paraît saint et juste, que tout se révèle à l'âme dans son sens véritable. Le cœur s'agrandit à cette sublime fraternité, l'esprit sent pousser ses ailes, et son vol l'entraîne dans ces régions où se révèlent toutes les causes.

Les termes me manquent, mes frères, pour vous exprimer la joie qu'éprouve l'âme lorsque, la chair ayant rompu ses chaînes, elle peut embrasser les cycles de ses existences, quelle humilité la saisit du peu qu'elle est, et quel cri de triomphe s'échappe de son sein en apercevant son but final !

Mes frères, la Justice n'existe sur terre que si l'homme veut reconnaître cette divine loi de la réincarnation.

La réincarnation non seulement explique la création et la progression des formes vivantes à la surface des globes célestes, mais aussi la progression de l'intelligence et de la conscience.

Permettez-moi, mes frères, dans un rapide aperçu, de vous faire entrevoir les grandes lignes de la réincarnation.

Je laisse l'évolution dans le minéral pour prendre l'esprit au moment où les premières cellules organiques ont fait leur apparition sur la terre ou sur un globe quelconque. Un esprit rudimentaire, fluide grossier, mais doué d'une volonté instinctive et déjà prononcée, s'incarne dans ces cellules et agit sur elles en les modifiant par les impulsions de cette grossière volonté qui, en parallèle avec l'usage, créera telle valvule, tel filet nerveux.

A mesure que ces espèces inférieures se propagent, elles sont animées par des principes spirituels de plus en plus avancés, destinés à modifier la forme sous l'influence de l'intelligence.

La série des réincarnations dans la vie animale a pour but de modifier les espèces inférieures, de manière à graduer l'échelle qui, de la monade va à l'homme, par l'intermédiaire d'esprits supérieurs à la forme qu'ils revêtent, évolution qui se continuera dans l'humanité. En parallèle avec cette évolution matérielle, se trouve aussi l'évolution spirituelle qui développe de nouveaux instincts en faisant passer le principe spirituel d'une espèce inférieure dans une espèce supérieure.

Les différentes races humaines continuent ce long travail du progrès de la forme par l'esprit, et de l'esprit par la matière.

La race blanche plus ancienne et plus tôt affinée que les races cadettes montre ce qu'elles deviendront un jour; mouvement ascendant et perpétuel vers la perfection. L'être humain comme l'animal, comme la plante, sous l'influence de la civilisation, de l'esprit, se transforme et suit les impulsions du principe immortel.

Et c'est ainsi que s'expliquent toutes ces inégalités, toutes ces anomalies qui semblent renier Dieu, tandis qu'au contraire, elles en font toucher l'infinie sagesse qui, par une admirable échelle, mène l'âme de l'atome à la plus haute réalisation spirituelle, et qui, du jeu des forces inanimées crée la forme périssable et changeante où elle s'élabore.

Le progrès matériel, le progrès spirituel et le progrès moral naissent de la pluralité des mondes et des existences.

La réincarnation peut seule nous permettre de réparer le mal que nous avons commis, peut seule rétablir la justice. Il faut la réincarnation pour donner à l'esprit le moyen de s'élever vers Dieu par son seul mérite, par son seul travail.

Ceci, mes frères, est trop concis, trop bref; cependant, je serais heureux si j'ai pu vous apporter quelque lumière, en vous montrant que la justice, la raison, la science et le cœur appellent la réincarnation pour expliquer les grands problèmes de la vie et de la mort.

Non, mes frères, il ne faut plus que l'idée d'une vie unique vienne terrir l'esprit et les connaissances de l'homme, en lui faisant tout rapporter à une période si courte de son existence réelle, en lui laissant dans l'âme un vague dégoût de tout ce qui l'entoure par la vision d'une justice incomplète et fugitive.

Ce qu'il faut, mes frères, c'est que vous cherchiez le secret de tout ce qui existe, de toute vie et de toute mort, de toute morale et de toute science dans cette foi universelle par qui tout se peuple et tout se crée, tout progresse et se perfectionne, dans le monde matériel et dans le monde spirituel.

IX

Sur la communication des Vivants
avec les Morts

2 août 1890.

MES FRÈRES,

Jusqu'ici je me suis tenu au rôle purement philosophique du spiritisme, je vous ai montré le grand but
de l'esprit, son évolution dans la matière, son progrès
infini, les moyens qu'il doit employer pour s'élever vers
Dieu; mais je n'ai pas encore parlé de l'union matérielle qui existe entre le monde de la terre et l'invisible,
monde qui se meut autour d'elle, je n'ai encore rien dit
de la communication des vivants et des morts, de la
médiumnité.

Je ne viendrai pas ici vous faire un cours théorique
et scientifique de cette précieuse manifestation de l'âme ;
cela sortirait du ton général de ces instructions ; je veux
me poser simplement au point de vue moral et instruc-
tif qui en découle.

A ceux de nos frères qui sont ignorants des phénomènes médianimiques, je me bornerai à dire que la
médiumnité tient à un état moléculaire particulier du
corps du médium, que cet état rend ce dernier sensible

aux fluides qui émanent du corps périsprital de l'esprit désincarné, et que, selon le degré d'avancement du médium, selon son genre de vie, selon le plus ou moins de conductibilité de son corps, les phénomènes que nous produisons varient.

Avec les médiums à fluides très matériels, les esprits analogues produiront des phénomènes matériels, tels que : apports, coups frappés, etc., et réciproquement tout médium à fluides légers, purs, obtiendra des manifestations plus intelligentes, plus spirituelles.

Je n'en dirai pas davantage sur la médiumnité en général, faculté variant infiniment, et qui diffère selon chaque individu ; en effet, il est impossible de rencontrer deux personnes douées d'un tempérament identique, et ayant le même degré d'avancement ; c'est pourquoi cette faculté reconnue, constatée, n'est jamais semblable entre les divers médiums ; entrer dans tous les détails de l'explication des divers phénomènes, ce serait sortir du but de ce discours.

Je reprends la médiumnité au point de vue religieux, philosophique et moral.

— Que vient prouver le médium, quelle que soit sa faculté? L'immortalité de l'âme et la vie d'outre-tombe.

— Que vous apprend-il ? La vie universelle dans ses secrets jusqu'alors dérobés aux yeux matériels des humains.

— Quelles conséquences l'homme en tirera-t-il naturellement? La consolation, la force, le courage, le désir du progrès.

Le médium est le lien indispensable qui unit le monde de la matière au monde spirituel ; il permet l'échange de nos pensées avec vous. Comme le câble électrique unit

les continents à travers les océans, le médium nous unit
à vous.

Pour certains de nos frères, cette conversation avec
les morts semble bizarre, singulière et diabolique.
Qu'étrange est donc l'idée que l'homme se fait de la
mort; pour lui, quand elle n'est pas l'image du néant,
c'est un monde vague où le pied ne sait où se poser;
l'esprit flotte entre une hideuse image de tortures physiques, d'êtres horribles, monstrueux, que l'imagination
des simples a parés d'attributs puérils et enfantins. Les
diables avec leur fantasque figure, leurs cornes, leur
queue, leur fourche, leur corps noir et velu; puis les
chaudières, les tisons, les grils; que sais-je? sont des
images grotesques, mais terribles, dont on berce l'enfant
et qui s'impriment dans son cerveau, qui le suivent,
homme, qui font en son âme une impression de laideur,
de cruauté, dont il conserve inconsciemment les traces;
puis, en opposition avec ces rêves troublants, malsains,
fatigants, les enseignements des docteurs, des théologiens romains ou autres, leur montre, sauf quelques
variantes, un paradis pâle, froid, décoloré, et comme
figé dans une immobile contemplation.

Les esprits forts secouent ces larves imaginatives que
l'on dépose dans ces jeunes âmes, neuves de l'oubli
que chaque esprit apporte en naissant; mais combien
d'êtres faibles en conservent les germes funestes; germes
d'ennui, de lassitude, de dégoût de vivre, crainte de la
mort, peur de l'enfer, incertitude sur la divine récom-
pense, ou l'athéisme : voilà l'*ultima ratio* de l'humanité
qui veut suivre les dogmes chrétiens.

Combien ces enseignements remplissent l'esprit de
ténèbres, qu'ils le rendent peu propre à recevoir la

lumière, que, par l'habitude, l'éducation, les impressions si tenaces de l'enfance, ils rendent rebelle l'esprit le plus souple, qu'ils laissent sur l'âme comme un limon fangeux qui empêche le bon grain de germer!

O mes frères! que nos enseignements ont fait de mal, qu'ils en font encore en empêchant le bel essor de l'esprit vers la lumière, en tenant l'âme fixée à un vieux livre, au mot même, en lui défendant le libre exercice de ses facultés les plus belles, en défendant de venir demander à la vie même son secret.

Tristes conséquences de l'ignorance : au lieu d'aller de lumière en lumière, l'homme s'est complu à cacher, à diminuer le peu qu'il avait reçu; alors, perdant toute notion du vrai, il a négligé la vraie science pour la vraie formule, il a tout limité à la vie matérielle, il a jeté loin, bien loin de lui les âmes qui quittaient la terre; les unes dans la *géhenne*, les autres dans le paradis se sont perdues pour lui à jamais, et il est resté seul devant ces mausolées funèbres qu'il élève pour éterniser la pourriture du corps, et, malgré tout, je le vois qui sent que la mort est une vie.

Voyez ces néantistes couvrir de couronnes et de fleurs la pierre sépulcrale : pourquoi ce soin pieux pour cette corruption du tombeau ? Souvenir de l'être aimé, direz-vous; moi j'y sens autre chose : un défi instinctif lancé à la mort, l'ardent désir de s'unir encore à celui qui n'est plus, le vague sentiment de le sentir toujours vivant.

Malgré le désespoir, les larmes et le doute, l'espérance gît cependant dans ces cœurs dont tous les liens sont brisés par la mort. Oh! divine espérance, quelle que tu sois, le médium te répondra, le médium viendra

affirmer à tous que la mort n'est qu'une résurrection !
que la vie est partout, sur la terre comme dans l'espace !
mais il fera plus encore que de prouver l'immortalité de
l'âme : il viendra, touchante et consolante fraternité ! il
viendra montrer que nos chers disparus sont là près de
nous, que, sauf les peines matérielles de la vie terrestre,
ils ont les mêmes facultés, les mêmes affections, les
mêmes désirs qu'avant ; que plus libres, plus heureux
que nous, sans les entraves de la matière, ils sont nos
bons anges, nos tendres consolateurs ; que la mère qui
pleure sur un berceau vide, voit se jouer une petite âme
blanche et pure sous les rideaux de mousseline, que la
veuve à son foyer solitaire sent l'influence occulte et
tendre du chef de la famille, que la jeune mère, trop tôt
ravie, veille sur son petit enfant, que nos bien-aimés
sont là dans la même vie, dans la même union de l'âme.
Que s'ils ont fait sur la terre leur devoir, leur âme est là
pour nous protéger ; et, image plus grande encore de
la fraternité spirituelle, la médiumnité nous montre
encore, mes frères, l'immense population des esprits
souffrants et troublés, une admirable mission de charité
et de dévouement à remplir.

Et si, à côté de ces enseignements, de ces consolations des esprits du bien, nous plaçons toutes ces âmes
qui, dans leur nouvelle naissance à la vie spirituelle, ont
entraîné avec elles les passions et l'ignorance de la terre,
nous verrons que la charité, l'esprit pur vous fait, par
le médium, répandre à votre tour chez ces frères d'hier
la lumière de la vérité, unissant dans l'amour les frères
spirituels avec les frères souffrants, unissant l'humanité
terrestre avec l'humanité céleste, au moyen de la divine
communication que Dieu permet par l'intermédiaire d'un

médium, avec ceux qui ont quitté la terre et ceux qui y sont revenus.

Mes frères, ces évocations dont rient les soi-disant sages, malgré leurs erreurs, malgré leurs tâtonnements sont divines ; c'est actuellement le bégaiement de l'humanité terrestre, qui s'essaye dans le grand et universel langage de la pensée ; ne riez pas, mes frères, si dans cette enfance qui cherche à manifester sa raison, quelques hésitations se rencontrent ; écoutez ce balbutiement, il est divin comme celui de l'enfant, et, comme le doux gazouillis de l'enfant, révèle une âme qui éclôt, il révèle à l'humanité dans ses formes encore grossières, le grand souffle de l'âme universelle.

X

Du Spiritualisme au point de vue social

4 août 1890.

Mes Frères,

Le spiritualisme au point de vue social a un rôle prépondérant; il est appelé à renverser tout cet état bâtard sur lequel repose la société, et à unifier dans une même communauté de religion, de lois politiques et morales les races et les peuples de la terre.

Le progrès matériel et moral de l'Humanité ne peut se faire que par le mélange, la fusion des races et des peuples, par l'unité de pensée et surtout par le lien moral.

Déjà cette tendance à l'unité se marque et s'affirme; des découvertes faites par la science : la vapeur, l'électricité, naissent des rapports inconnus jusqu'alors entre les différents pays; les idées égalitaires par le socialisme, par l'internationale, par la presse et par la tribune, par les révolutions politiques, indiquent dans leurs bouillonnements l'effervescence de ce vieux monde qui se réveille de son odieuse léthargie où le moyen âge l'avait plongé.

Mais, si l'essor de la pensée en tous points se mani-

feste, si l'esprit trop longtemps méconnu réclame ses
droits, il est aussi probant qu'il agit un peu à l'aventure ;
si de partout l'homme fait appel à la justice, il est certain que ces réformes demandées paraissent impossibles ;
le lien commun, qui pourrait unir toutes ces forces,
éparses, manque.

L'humanité, dans ce grand travail d'évolution, procède
par saccades irrégulières, par mouvements tumultueux,
dont les dangers ne sont pas compensés par les résultats
qui seraient obtenus. Quoi qu'on fasse, quel que soit le
savoir des économistes, des chefs politiques, le nœud
gordien reste toujours sans pouvoir être tranché.

Ceci, mes frères, s'explique facilement : ce mouvement universel n'a point de base fixe, il gît dans chaque
individu, sans qu'on puisse unir cette force à la force
voisine, trop de barrières font obstacle.

Les différences de peuples, de langues, de gouverne-
ments, les divisions et les différences religieuses se dres-
sent, entravent le mouvement égalitaire, le grand point :
c'est la désunion de pensée.

La race, la langue s'effaceraient, s'amoindriraient, si
l'homme avait au moins dans la religion l'unité ; mais
malgré ce qu'en puisse dire le matérialiste, la religion
est le grand obstacle que rencontre actuellement l'Humanité. Pour mieux vous pénétrer du sens véritable de
la théorie que j'expose, j'emprunterai à l'histoire con-
temporaine des exemples qui montrent l'influence réli-
gieuse au point de vue économique et social.

A l'heure présente, une grave question s'agite dans les
esprits: la question juive; l'israélite, le sémite, envahit
peu à peu la France, se glisse partout, s'infiltre partout
et se trouve enserrer comme d'un réseau la race aryenne,

tenant entre ses mains le négoce, la banque, la fortune publique.

Or, le juif constitue pour l'aryen un danger redoutable; le juif se marie dans sa race, transmet à ces descendants sa fortune, et forme dans la race aryenne un état dans un état.

Est-ce à dire qu'il faille par des persécutions, par des spoliations, par des moyens iniques et injustes lutter contre cet envahissement de la race aryenne par la race sémitique.

Non, mes frères, cela ne peut venir à l'idée de tout homme ami du bien et du juste, et, d'un autre côté, le juif constitue un danger si rien ne vient modifier sa vie actuelle, s'il continue à former un peuple homogène, s'il refuse à former avec l'aryen des alliances qui fondraient les intérêts des deux races; le grand obstacle, comme je le disais plus haut, n'est pas tant dans la race que dans la religion. Il est reconnu que dans la famille, le pire des divorces, c'est celui de la pensée, le père et la mère ne peuvent avoir deux religions, le foyer n'existe que si la communion de sentiments existe.

Ce divorce moral est le pire de tous; il est l'obstacle qui empêche le progrès social de s'accomplir; cet exemple pris dans la race juive se retrouve partout le même; tant que l'homme sera désuni de pensée, il sera désuni matériellement. Cette union de l'humanité, le Spiritualisme seul peut la donner, parce qu'il est la religion de vérité; la religion basée sur le fait, appuyée par l'expérience; la morale ne se présente pas avec lui entourée par les formes religieuses de tel ou tel peuple, de tel ou tel missionnaire; il se révèle à tous, par tous, en tous les points du globe. Scientifiquement, expérimentalement, il se contrôle : c'est un enseignement basé sur des faits palpables et tangibles, indépendants de toute ancienne religion et se reliant à toutes par sa morale.

Devant le spiritisme, les formules vieillies tombent d'elles-mêmes, devant la pluralité des existences, toutes les barrières de la société s'écroulent ; les sots préjugés de castes, de rangs s'effacent devant la sublime personnalité de l'esprit.

Je le répète, et je le répéterai sans me lasser, le Spiritualisme est appelé à rénover le monde, parce qu'il est une science en même temps qu'une religion, qu'il a des ramifications dans tous les pays, dans tous les siècles, qu'il peut être contrôlé, étudié par tous, que loin d'être le domaine d'un petit nombre d'initiés, chaque individu peut être son propre initiateur, son propre prêtre. Enfin, seul il a le droit d'être la religion unique et universelle, car, seul, il est ouvert au progrès indéfini.

Si les hommes de savoir et de valeur venaient étudier le Spiritualisme dans sa haute philosophie, ils seraient étonnés, émerveillés de la hauteur de ses vues, de la grandeur de ses principes et du côté pratique qui en résulte, au point de vue philosophique.

Aucun de vous, mes frères, ne peut se dissimuler qu'entre l'égoïsme des classes dirigeantes et l'ignorance du peuple, nul lien ne vient rattacher les enfants de la grande famille humaine ; la scission est partout dans la société. Les hommes fatigués, las d'une religion vide, se perdent dans les énervantes et destructives théories du matérialisme, quand ils ne s'immobilisent pas dans des pratiques surannées et rétroactives.

La religion morte, pâle fantôme désolé, ombre incapable, ne peut et n'a aucune action sur les âmes et sur les consciences.

La religion officielle proclamée, suivie, c'est la Conscience même de la nation. Il est facile de juger du mal profond qui ronge la société en jetant un coup d'œil sur les temples, qu'une foule indifférente, lassée, ennuyée, emplit par habitude, par éducation première. Ce manque de croyance, cette foi chancelante ou nulle se marque en toute chose; elle se marque dans les défectuosités de la politique, dans les crises commerciales, dans la démoralisation publique, dans les haines entre peuples, dans le mépris entre races.

Nul homme n'est fort que s'il marche hardiment dans la foi et dans la justice.

Le seul remède à cet affaissement général, c'est le Spiritualisme, qui vient prouver l'immortalité de l'âme, la multiplicité des existences, l'infini progrès : c'est bien une religion au sens propre du mot; c'est aussi une science par les phénomènes et les lois physiques et chimiques qui s'y rattachent; c'est une religion par la sanction morale, l'immortalité de l'âme et la connaissance de Dieu; c'est la vie même dans ces révélations de toutes sortes; c'est la liberté, l'égalité, la fraternité qui se posent comme base de toute chose; c'est la justice dans son universel ensemble.

O mes frères, que n'êtes-vous, comme moi, pénétrés de cette grande vérité : que l'union de la pensée dans la justice, c'est le but le plus glorieux auquel puisse tendre l'Humanité; c'est le seul moyen d'unir tous les enfants de la terre dans une même étreinte fraternelle; c'est la seule voie pacifique dans laquelle les hommes puissent s'engager.

On se moque du spiritisme, mes frères, on ne veut point s'engager dans la voie qu'il indique, on se rit de ses doctrines, sans songer que le vrai dans son pénible travail ne se laisse jamais étouffer sous l'erreur, que l'étincelle brille toujours, que la Justice ressaisira son glaive, et qu'elle rassemblera l'humanité éparse dans une même communauté de cœur et de pensée, dans un même embrassement d'amour, et que la Vérité triomphante s'élèvera sur les ruines de l'ignorance, éclairant tout l'univers de sa grande et pure lumière de vie.

O mes frères, ne retardez pas cette divine victoire par vos errements et votre peu de connaissance des choses spirituelles, ne laissez pas l'Humanité chercher plus longtemps sa voie, quittez ces langes qui vous retiennent captifs, et publiez la religion universelle qui peut, *seule,* faire ici-bas le bonheur de l'homme.

XI

Le Spiritualisme au point de vue scientifique

8 octobre 1890.

Mes Frères,

Je l'ai dit et je le répète, le Spiritualisme est universel, universel comme justice, universel comme morale, universel au point de vue social comme au point de vue scientifique, il est universel parce qu'il embrasse et la matière et l'esprit, et que ni la matière ni l'esprit ne peuvent être séparés.

Jusqu'à l'époque actuelle les savants, les philosophes, les théologiens, se sont en quelque sorte cantonnés, ils ont ou exclusivement étudié la matière, ou exclusivement cherché, poursuivi le spirituel.

Ce n'est, surtout de nos temps modernes où tout est spécialisé, ce n'est que fort rarement que les deux principes sont unis, reliés dans leurs rapports intimes, et quelles que soient les doctrines, on peut toujours les dire ou matérialistes ou purement spiritualistes. Cela ne veut pas dire que l'Humanité n'ait pas été chercher les plus belles inspirations de son génie dans la Nature ; que l'Idéal n'ait eu sa source dans les spectacles de la création, dans leur beauté ou dans leur sombre terreur :

cela veut simplement dire que ce mouvement d'instinct ne s'est jamais posé, formulé, établi comme le nœud même de l'Univers.

A la spiritualité des anciens : Religion, Poésie, Théologie ou Arts, a succédé l'effrayante poussée scientifique, la grande ère des découvertes de la science, et l'homme, devant les dogmes envieillis, a cru reconquérir la pure lumière au flambeau de la science ; cependant, deux courants se sont marqués ; à côté des sciences exactes, la science du passé, par les langues et par l'histoire, est venue révéler à l'homme moderne sa communauté de pensée avec l'homme antique ; remontant le long cours des âges, le savant est allé aux sources mêmes de la belle race indo-européenne, il a fouillé l'Iran et l'Hindoustan, il est allé dans l'antique Égypte, et son élan l'a de même entraîné vers les peuples sémites, dont la race sœur de là nôtre est pourtant si différente.

Ces deux courants d'eaux vives, la Science exacte et l'Histoire, grands et nobles génies de l'Humanité, se sont regardés incompris, muets l'un pour l'autre.

La jeune science, dans sa force virile, avec son insatiable désir va devant, veut absorber l'avenir : l'Histoire, de son vol calme, majestueux, appesanti du poids des âges, ne suit pas le jeune dieu qui, trop rapide, le dépasse.

L'homme entre ces deux grandes figures hésite ; d'un coté, le noble et fier visage de l'Histoire l'attire, il lui semble doux de ressusciter le passé ; de faire revivre les dieux et les peuples, de faire sourdre des sables les métropoles des siècles écoulés ; mais d'autre part, le jeune génie au vol rapide, aux découvertes pratiques, exactes, a bien son charme, l'homme balance ; d'un côté, cette

féerie du matériel, du chiffre, du sûr, le captive et l'entraîne dans le grand mouvement de la vie ; d'autre part,
tous ces morts qui se lèvent en foule, toutes ces voix qui
viennent du fond des temps et auxquelles il ne sait entendre, l'effrayent un peu.

Et d'abord, entre ces deux mondes nouveaux, nul
point d'appui, la science si nouvellement née, n'a point
encore la tradition qui la rattache à l'homme, et l'histoire, après le moyen âge, après la stérilité de la sco-
lastique, a perdu ce fil léger de la tradition qui, d'âge
en âge, relie les hommes ; et surtout, mes frères, l'histoire de l'esprit encore trop nouvelle se fait sèche, aride,
apprend peu. L'histoire réelle, vivante, celle de la vie
civile : lois, monuments, arts ; celle de la vie religieuse,
culte et philosophie ne nous est rendue que depuis peu.
Cette aînée, trop souvent négligée pour la science, venant après toute cette aridité des querelles religieuses,
des dogmes et des synodes, cette aînée laisse bien des
points obscurs.

Alors l'homme en général, à côté de ces vives et pures
lumières, mais si lointaines, préfère le brillant, le nouveau domaine réel et palpable qu'il a sous les yeux : la
matière vers laquelle il est fatalement amené par son
éducation. L'histoire des faits lui fait négliger l'histoire
vivante, et surtout l'histoire religieuse de l'Humanité.
Trop sont intéressés à laisser sur nos aînés le voile de
l'oubli pour permettre à la jeunesse de boire à la source
pure où burent nos pères les Aryens.

Que font ces intéressés à leur propre cause ? ils
donnent et veulent quand même donner les livres
sémitiques de la Bible ou les instructions catholiques ;
l'Aryen se détourne, jette au loin le livre obscur et

vá demander la lumière au brillant foyer de la science.

Ici, au cœur même de la matière, il devient matérialiste. En est-il bien sûr? Parfois, il doute, il se trouble, mille lois brillamment prouvées lui ont semblé renfermer la foi inébranlable, mathématique en la matière, puis un fait contradictoire, une perte cruelle le frappe, il hésite; le matérialisme ne lui laisse qu'amertume; la religion inacceptable le repousse, et cependant il veut croire. La science l'habitue au fait prouvé, et son cœur demande un idéal nouveau : situation bizarre qui ne peut se résoudre que par le Spiritualisme dont la sublime morale est la justice même, la justice absolue et dont les rapports avec l'homme sont purement scientifiques.

Scientifique, la médiumnité qui se rattache à des conditions corporelles; scientifique, le phénomène qui prouve la vie d'outre-tombe; scientifiques, la réincarnation et la progression qui expliquent l'évolution matérielle et morale d'un monde.

Le Spiritualisme touche à toutes les sciences, à tous les arts, à toutes les nations; il est pour chacun, il est pour toute chose; il est le grand révélateur des fluides, le grand initiateur à la vie générale de l'univers. Avec le Spiritualisme, quelle source féconde pour la médecine, lorsqu'elle adjoindra au corps l'esprit, qui en retient toutes les molécules; quelles découvertes en physique, en chimie, en astronomie, quelle révolution de trouver un monde invisible sous chaque forme tangible, quel élan donné aux arts, aux lois, à la civilisation universelle !

O humanité! si ta foi a chancelé sous le doute, si ta science a ébranlé ton cœur au point de lui faire renier Dieu, si tu souffres de ne plus croire, de ne plus avoir d'idéal; relève la tête! des sciences du passé, de la science de l'avenir naît une science nouvelle. La Religion n'est pas morte, elle se lève au cœur de l'homme : ce n'est pas en vain que de l'Inde à la Perse, de la Perse à Athènes et à Rome, la lumière ait brillé, éclairant peu à peu la voie de la Justice; ce n'est pas en vain que la science est venue éclairer ton esprit de rayons positifs, pour que tu ne puisses redevenir le brillant fils de la lumière.

Ecoute, voici le Spiritualisme qui vient montrer ce que l'homme croit impossible : l'union de la Religion avec la Science; le voici qui vient consoler l'âme que la vie a brisée, en lui assurant son immortalité; le voici qui dit : tout n'est que vie et progrès incessant, la mort n'est rien, elle n'existe pas; voici qu'il montre la Justice divine toujours et partout identique; voilà qu'il annonce Dieu en disant : le divin, c'est le juste; voilà qu'il donne à l'esprit humain la clé de toute connaissance, l'inspiration de tout art.

Merveille des merveilles! cette communication avec les morts nous a révélés à nous-mêmes, nous a ouvert les portes de l'infini, et avec nous, dans une sainte et fraternelle communion, monte la nature entière. Oh! la joie de se sentir si faible et si fort, de sentir la justice dans toute chose, dans le végétal, dans l'animal; dans la douleur et dans la souffrance.

Sublime horizon! ô mes frères, maintenant l'homme a dérobé le feu du ciel, qu'il en recueille en son cœur la divine étincelle; maintenant il tient les deux mondes : la matière et l'esprit; dans son cœur se fait le divin mariage de l'Idéal et de la Raison sous l'égide de la Justice.

Humanité! une aurore nouvelle se lève en toi, voilà

que tu peux te dire *libre*, car jusqu'ici tu n'as su que retenir ton vol à la terre ou tournoyer au hasard dans les régions de l'esprit. Maintenant, aigle sublime ! tu peux bâtir ton aire sur la cime des rocs, et de ton vol embrasser l'espace en dardant ton regard sur le soleil de la Justice que tu peux désórmais contempler face à face.

XII

Vérité ! Bonté ! Idéal ! Justice !

28 septembre 1891.

Mes Frères,

Une année s'est écoulée depuis ma dernière communication ; aujourd'hui, pour tenir ma promesse et pour répondre à un vœu, je viens clore cette série de douze Instructions commencées depuis si longtemps.

Pourquoi ai-je tant tardé ? bien des circonstances m'en ont empêché ; d'autres esprits ont pris ma place pour donner, eux aussi, leur part de vérité ; les temps surtout ne sont plus les mêmes. Les instructions que j'ai données, j'aurais à les dicter maintenant que je ne suivrais plus le même plan ni la même méthode ; j'étais encore en les faisant le ministre qui prêche à son troupeau, elles sont l'éveil d'une âme à la vie de l'esprit ; mais elles tiennent encore à la terre par la forme et un peu par le fond ; la marche de la pensée, le travail émancipatif de l'âme s'y font peu à peu sentir ; elles sont la manifestation sincère et vraie de mon être, l'épanouissement à la lumière, l'enthousiasme impétueux du juste qui voit enfin apparaître la Justice.

Telles qu'elles sont, je ne les désavoue pas ; si j'avais voulu faire une œuvre littéraire, je regretterais la forme quelquefois obscure, les défauts de style qui s'y rencontrent, défauts nés de la délicatesse des communications ; mais ceci n'est nullement une œuvre de langue et si le puriste y trouve des fautes, ce n'est pas à lui que je m'adresse, c'est à vous, mes frères, qui comme moi, ministres du Seigneur, cherchez la vérité ; je suis venu à vous dans le désir sincère de vous lever un coin du voile, heureux si mes faibles paroles, si l'élan de mon cœur ont pu dissiper quelques-uns de vos doutes.

Et maintenant, ce n'est plus à vous que je m'adresse, mes chers collègues, c'est à tous que je destine cette Instruction dernière, résumé de mes acquisitions spirituelles.

Un an sépare ces premiers épanchements de mon âme de cette nouvelle manifestation de mon esprit. O année ! seconde infinitésimale dans l'éternité ! que tes courts instants m'ont donc été précieux ! ô humanité ! combien mieux tes destinées me sont apparues, combien mieux j'ai senti le grand mouvement qui t'entraîne vers la conquête du Vrai.

Terre ! astre minuscule que le soleil entraîne dans l'infini ; terre qui viens des espaces béants et inconnus et qui vas dans l'espace béant ! terre qui flottes dans l'étendue plus petite et plus légère que l'atome qui tournoie dans un rayon de soleil ! terre, qui sur ta surface recèles cependant un monde ; quel que soit ton néant, l'œil de Dieu est sur toi ! l'Intelligence suprême, la Cause unique de toutes les causes te berce de son souffle harmonique et puissant, et, dans l'apparent désordre de tes formes et de tes êtres, tu lui réponds par une note mélodieuse et faible ; à la grande lueur répond un pâle rayon qui, de ta masse ténébreuse, s'élance vers l'infini ; et cette note, cette lueur, c'est ton âme, ô terre !

qui s'éveille à la vie dans les premières conquêtes de l'homme sur la matière.

Quand l'esprit plane au-dessus de toi, planète notre mère ! il entend dans l'espace des vibrations étranges ; tout est bien obscur encore ; mais cette obscurité même rend plus saisissant ce duo qui s'élève de ton sein. C'est d'abord une mélodie sauvage, fougueuse, violente, comme le bruit des éléments s'entre-choquant dans les convulsions de la création ; puis, peu à peu, un hymne s'élève avec la nature apaisée, hymne fait de la grandeur sainte des forces créatrices et des ébauches de la nature ; mélodie qui évoque la vision des forêts géantes, et des troupeaux sauvages errants dans les vastes prairies que l'homme n'a pas encore foulées aux pieds ; mais, à cette voix première, ne tarde pas à succéder une étrange clameur : l'homme est né ! et sa lutte avec la matière, avec la nature, avec lui-même, éclate dans une furie de clameurs, de cris, d'armes froissées, de soupirs des mourants, de vagissements des nouveau-nés, du tintement de l'or, des larmes et des sanglots ! Effrayant combat où l'on sent s'agiter des milliers de destinées obscures, où semble planer la souffrance ; mais, dans les instants d'accalmie, une harmonie puissante, étrangement belle, fait résonner ses accords ; elle monte, elle grandit, elle s'étend de plus en plus vibrante et sonore, dominant le chaos et élevant vers Dieu son chant de triomphe.

C'est la voix de la Vérité, c'est la voix de l'âme humaine venant dans l'universelle symphonie remplacer la mélodie de la nature ; c'est l'hymne de l'esprit humain saluant l'aurore de sa liberté.

C'est maintenant, mes frères, que j'aime écouter cette

sainte harmonie, faite, apôtres de la religion nouvelle, de tous vos efforts, faite de tous les efforts de ceux qui ont avant vous adoré le vrai Dieu ; et chaque jour cette harmonie s'accroît et rayonne dans l'espace, s'épanouissant au-dessus du chaos où viennent expirer toutes les folles chimères de l'ambition humaine et de son ignorance.

Monde de paix dans la lutte, de sourires dans les larmes, de joie dans la souffrance, âmes qui êtes venues sur ce monde d'épreuves pour y répandre la vérité, pour vous y élever dans la souffrance et le sacrifice, vous présentez, à côté du monde obscur du doute et du néant, l'image harmonieuse de l'esprit s'élevant vers les sphères du Bien, du Beau et du Juste.

O humanité ! malgré ces bouillonnements, ces crises effroyables, ces symptômes qui terrifient ceux qui ignorent les voies de Dieu, et qui ne trouvent dans tes révolutions que le signe matériel de la lutte des intérêts ; celui qui domine les événements, qui en perçoit la cause et qui en sait le but, peut te dire : l'heure est proche où Dieu s'imposera triomphant dans sa Justice éternelle et dans son infinie Bonté ; l'heure est proche où l'âme brisant ses entraves s'élèvera dans sa sereine pureté ; l'heure est proche où le soleil de la vérité dissipera les visions étranges, effroyables de l'ignorance et de la superstition ! l'heure est proche du fraternel banquet, où le passé, le présent et l'avenir s'uniront dans l'éternité !

Et du passé, les morts se lèveront, publiant l'Éternelle Justice rayonnant au fronton du temple de l'histoire ; et la Science quittera le laboratoire où elle manipule les éléments ; et la Force tendra la main à la Religion qui lui aura montré l'Absolu ; et la Religion dépouillant l'amoncellement fantastique des vieux dogmes, dans sa renaissance tendra la main à la jeune Science, sa libératrice; et l'Art, dans le splendide épanouissement de la vie, éternisera le Beau, et l'Homme, comme un jeune dieu dans la conquête de ses facultés nouvelles, écrira sur ses temples : *Un Dieu, une Science, une Religion, un Art, un Code; une Science, la Vérité; une Religion, la Bonté; un Art, l'Idéal; un Code, la Justice.*

Mais la Vérité, la Bonté, l'Idéal et la Justice dans leur sublime essence, dans leur réalisation de la divine pensée ! O mes frères, courage ! l'humanité touche à la crise suprême qui doit la faire sortir de sa longue enfance, courage ! vos efforts et votre amour du bien sont le levier du progrès ! je ne puis que vous exhorter à suivre la voie qui mène à la liberté, à l'émancipation humaine, vous êtes comme ces obscurs travailleurs de la mer que l'on ignore, mais qui bâtissent des mondes ; laissez la sotte indifférence et l'amère raillerie, le monde que vous bâtissez par votre humble patience, par votre foi, sera un jour le refuge et la consolation de tous ceux qui aujourd'hui vous méprisent.

Et moi, mes frères, qui contemple et admire votre travail, un jour viendra où, sur cette terre, je reprendrai de nouveau mon rôle de ministre, je reviendrai augmenter de mon faible travail le patrimoine commun, je reviendrai, dans une vie nouvelle, souffrir, prier et travailler pour tous, heureux de répandre à mon tour un peu de ces lumières qui doivent faire briller sur la terre l'Éternelle Vérité.

FIN

TABLE DES MATIÈRES

7-3-00. — Tours, imp. E. Arrault et Cie.

LE SPIRITUALISME MODERNE

(4ᵉ Année)

REVUE DES SCIENCES MORALES

Organe de

L'Association pour l'Étude et la Propagation

du Spiritualisme Moderne

Paraissant le 10 et le 25 de chaque mois

Abonnement :

France et Étranger : 5 francs par an

RÉDACTION et ADMINISTRATION :

PARIS, 15, *rue Guénégaud*, 15, **PARIS**

Spécimen franco

OUVRAGES RECOMMANDÉS

Allan Kardec. — **Le livre des esprits** (partie philosophique) contenant les principes de la doctrine spirite, 1 vol. in-12 de 475 pages...... 3 50

— **Le livre des Médiums** (partie expérimentale). Guide des médiums et des évocateurs, contenant la théorie de tous les genres de manifestations, 1 vol. in-12 de 510 pages.. 3 50

— **L'Évangile selon le Spiritisme** (partie morale), contenant l'explication des maximes morales du Christ, leur application et leur concordance avec le Spiritisme, 1 vol. in-12 de 530 pages...... 3 50

— **Le Ciel et l'Enfer**, ou la Justice divine selon le Spiritisme, nombreux exemples sur la situation des Esprits dans le monde spirituel et sur la terre, 1 vol in-12 de 500 pages. 3 50

— **La Genèse, les miracles et les prédictions** selon le Spiritisme, 1 vol. in-12 de 465 pages...... 3 50

— **Œuvres posthumes** d'Allan Kardec, contenant sa biographie et le discours prononcé sur sa tombe, par C. Flammarion, 1 vol. in-12 de 450 pages...... 3 50

Rochester (comte de) Esprit de John Wilmot. — **Episode de la Vie de Tibère**, 1 vol...... 3 50

— **L'Abbaye de Bénédictins**, 2 vol...... 6 »

— **Le Pharaon Mernephtah**, 2 vol...... 6 »

— **Herculanum**, 2 vol...... 6 »

— **La Vengeance du Juif**, 2 vol...... 6 »

— **La Reine Hatason**, 2 vol...... 7 »

— **La Foire aux Mariages**, 1 vol...... 4 »

— **In hoc Signo vinces**, 1 vol...... 4 »

Delanne (G.). — **Le Phénomène Spirite.** Vol. in-18, nombreuses gravures...... 2 »

— **Le Spiritisme devant la Science**, vol. in-18...... 3 50

— **L'Evolution animique**, in-18, jésus...... 3 50

Denis (Léon). — **Après la mort**, in-18 jésus...... 2 50

— **Christianisme et Spiritisme**, in-18...... 2 50

— **Pourquoi la vie ?** — Solution rationnelle...... » 15

Rochas (A. de). — **Les effluves odiques**, 1 vol...... 6 »

— **La lévitation du corps humain**...... 2 50

— **Etats superficiels de l'hypnose**, nouvelle édition, 1 vol. in-8...... 5 20

— **Etats profonds de l'hypnose**, nouvelle édition, 1 vol. in-18...... 2 50

— **Extériorisation de la sensibilité**, bel in-8, illustré. 7 »

— **Extériorisation de la motricité**, in-8, illustré...... 8 »

7-3-00. — Tours, imp. E. Ar